DE LA CIVILISATION

ET

DE LA LIBERTÉ

EN FRANCE, EN 1833.

IMPRIMERIE DE L.-E. HERHAN,
N. 380, RUE SAINT-DENIS.

DE LA CIVILISATION

ET

DE LA LIBERTÉ

EN FRANCE, EN 1833.

INDUCTIONS MORALES ET PHILOSOPHIQUES DE LA
RÉVOLUTION DE JUILLET.

PAR CYPRIEN **DESMARAIS**,

Auteur de la *Logique politique*, de *l'Émancipation des
Communes*, etc., etc.

..... *Libertas, quæ sera tamen...* VIRG.

PRIX : **2** FR.

PARIS,

CHEZ ALEXANDRE MESNIER, LIBRAIRE,
RUE LOUIS-LE-GRAND, N° 23.

1833.

DE LA CIVILISATION

ET

DE LA LIBERTÉ,

EN 1833.

CHAPITRE Ier

CONSIDÉRATIONS PRÉLIMINAIRES.

L'auteur de cet écrit ne s'est inspiré d'aucune haine ni d'aucune animosité contre le Gouvernement actuel. Bien au contraire, il apprécie, autant que qui ce soit, les difficultés immenses que ce régime doit traverser ; il lui sait gré, plus que tout autre, de ses velléités vers le bien, de ses essais vers une voie meilleure. Il est de ceux qui croient que ce régime a conservé jusques dans ses folies d'illégalité, la pudeur de l'arbitraire, et la honte du mauvais vouloir.

Il est sur tout un effort dont les bons esprits doivent

1

lui tenir compte ; c'est cette tendance de plus en plus marquée, pour se dégager, malgré les chaînes du tems, des voies convulsives de juillet, et d'échapper à l'influence maladive des *Trois Jours*, en secouant chaque matin avec éclat les oripeaux de leur gloire vaine et sanglante. Du reste, il n'est point encore démontré que cette réaction contre-révolutionnaire du pouvoir, soit l'effet d'un plan médité ou le produit d'une conviction profonde ; mais, toujours faut-il lui savoir gré, si du sein des illusions révolutionnaires, il s'éprend de l'instinct de l'avenir, ou si jeté aux pieds de la froide idole de l'athéisme, il détourne sa vue et lance vers le ciel un regard de regret, à la fois, et d'espérance.

Le désenchantement de *Juillet* s'accomplit ; les fascinations tombent et s'évanouissent. Le principe maladif des révolutions s'use et s'anéantit ; le principe national, long-tems méconnu, reparaît et surnage au sein de tant de débris ; le drame des mécomptes et des désappointemens se déroule et touche à sa péripétie. Situation grave, mais consolante et qu'il importe de constater ; fanaux allumés dans une profonde nuit, et qu'il faut préserver d'un coup de vent qui pourrait les éteindre. C'est ici l'époque la plus solennelle de notre histoire : car les luttes matérielles, qui en d'autres tems furent inspirées par de simples motifs d'ambition, ont eu depuis quarante ans, pour objet le triomphe ou la défaite de l'un des deux principes qui se disputent aujourd'hui le monde; de la révolution ou de la contre-révolution.

La révolution se débat aujourd'hui, et va se mourant étouffée dans les liens de sa dernière et suprême transformation ; elle a parcouru le cercle de ses désastres, et la voilà qui a épuisé les deux termes de son triomphe : en 1790, puissante dans les hommes au sein de la Constituante ; en 1830 puissante dans les haines, dans les idées et dans les illusions ; mais de même qu'en 93, ses hommes puissans s'en allèrent par l'échafaud, ainsi, en 1833, ses idées et ses illusions s'en vont dans les contradictions, dans les désappointemens, et dans la désertion de son drapeau.

CHAPITRE II.

L'histoire de France considérée dans trois phases principales.

La Nation française , qui est le peuple le plus intelligent de la terre , est aussi celui qui a produit en même tems le plus de principes de liberté et de principes d'anarchie. C'est parce qu'il est celui qui remue le plus d'idées, qu'il met en dehors les deux élémens qui se trouvent au fond de toutes les choses humaines , le mal et le bien. Mais dans notre histoire comme dans la nature, le bien l'emporte toujours sur le mal , et c'est là véritablement où réside cet esprit de *progrès* , dont on parle tant et dont on se rend si rarement compte.

Cette agitation intellectuelle peut être considérée dans les trois crises principales qu'elle a produites pendant le cours de notre histoire , depuis l'origine de la monarchie jusqu'à nos jours. D'abord, dans la première phase, l'esprit de la liberté française travailla à secouer le joug de la conquête et à s'affranchir de la barbarie ; la nation chercha une protection dans l'esprit militaire et elle se réfugia sous l'aîle de la féodalité. Mais bientôt, honteuse de ce patronage, qui dégénérait en monopole, elle tendit à s'en affranchir ; et la liberté, aspirant à une transformation nouvelle, vint se formuler dans l'affranchissement des communes, au moyen âge, sous la tutelle de la monarchie.

Dans la seconde phase, on voit la liberté, dégagée des entraves de la féodalité, user sa force dans les guerres civiles et dans les querelles religieuses, jusqu'à ce que ces élémens d'activité venant à s'épuiser, la liberté, comme une mer inquiète et orageuse, commença à gronder autour du trône et autour de l'autel, qui devinrent le but de ses attaques.

Dans la troisième phase et durant près de deux siècles, la liberté s'enivra de ses triomphes sur le le principe religieux et le principe de l'autorité ;

enfin jusqu'au jour où abusant de ses forces elle faillit s'ensevelir dans sa propre victoire. C'est alors que la liberté disparut dans la licence ; et que la civilisation fit une halte sanglante dans la barbarie.

Ainsi, dans chacune de ces trois phases la liberté est sortie toute mutilée de ses combats ; mais, chaque fois, il lui est resté pour prix de sa victoire un drapeau tout souillé de poussière et tout déchiré. Sur le premier de ces drapeaux est écrit :

Liberté communale :

Sur le deuxième, Liberté religieuse :

Sur le troisième, Liberté individuelle.

Depuis la révolution de 93, la liberté française a constamment travaillé à formuler et à réunir dans un seul faisceau ces trois Symboles d'une liberté unique, espèce de trinité élémentaire de l'indépendance humaine. Et comme la révolution française fut produite par l'abus de toutes les libertés, il est évident que l'esprit français travaille, depuis trente ans, à s'affranchir de l'esprit et de l'influence de cette révolution.

Dans ce systême, la révolution de 1830, qui est la plus grande mystification où l'esprit de licence se soit jamais fourvoyé, est le coup de grâce porté à l'esprit de licence qui triompha dans la révolution de 93.

Ainsi, en résultat, l'esprit de liberté a toujours parmi nous poussé son triomphe jusqu'à la licence; mais aussi, il n'a jamais persisté dans cette licence même; et il s'est aussitôt élancé du sein de ce désordre passager pour revenir à la liberté, en mettant à profit la leçon que l'expérience présente au bout de chaque événement et de toute révolution.

CHAPITRE III.

Conclusion du chapitre précédent.

On peut conclure des observations qui précédent, en ce qui concerne la révolution de *Juillet*, que cet événement, qui n'est au fond que la chance heureuse d'une conspiration par un petit nombre, est tout à fait sans connexion avec la grande révolution de 1790.

Cet événement de juillet ne prouve donc absolument rien contre le mouvement contre-révolutionnaire qui s'opère depuis plus de trente ans. Et loin d'avoir ralenti ce mouvement, l'événement de *Juillet* n'a fait que l'accélerer en lui donnant plus d'intensité.

Ceci devient de la plus frappante évidence, lorsqu'on considère que le choc de juillet, loin d'avoir redressé et relevé sur sa base la statue gigantesque du colosse révolutionnaire , a , au contraire , amorti et fait reculer dans le passé tous les principes et tous les faits qui ont alimenté le principe de cette révolution.

Depuis juillet 1830 , tous les faits révolutionnaires ont reculé, tous les faits contre-révolutionnaires se sont portés en avant.

Parmi les faits révolutionnaires, le plus fondamental et le plus significatif, est sans doute la souveraineté du peuple. Eh bien, l'application de ce principe n'a jamais été plus altérée et plus incomplète que depuis la révolution de juillet !

Jamais il n'y a eu moins de votes électoraux que depuis juillet : jamais la capacité électorale n'a été plus refoulée et plus restreinte ; soixante mille électeurs votant sous l'influence du plus flragrant monopole, sont appelés à représenter politiquement trente deux millions de Français ! Quelle dérision !

Ainsi la révolution de juillet, dernière parodie de la révolution de 90, vient se résumer dans la conclusion suivante :

Guerre à la souveraineté du peuple ;

Guerre à la liberté individuelle ;

Guerre à la liberté de la presse ;

Guerre à la prospérité de la France.

La révolution de Juillet, en présentant dans ses résultats le contrepied de toutes les promesses révolutionnaires, a donc porté le dernier coup à ce qu'on appelle, dans la langue libérale, *le progrès de la révolution.*

Car il n'y avait qu'un seul moyen d'extirper en Europe les idées révolutionnaires ; c'était de démontrer que ces idées étaient frappées de stérilité politique.

Mais cette démonstration ne pouvait être définitive, entière et complète, que si elle était fournie par l'esprit révolutionnaire lui-même.

Or, c'est ce qui est arrivé de la manière la plus large, la plus logique, la plus convaincante.

Considéré sous ce rapport, qu'est-ce donc que

l'événement de Juillet? C'est un fait révolutionnaire, il est vrai, mais dont le produit, profitant au principe qui lui est opposé, est complètement contre-révolutionnaire.

Le mouvement contre-révolutionnaire a commencé par le Directoire; il s'est continué dans Buonaparte, qui par un immense et gigantesque travail a réuni dans sa main tout l'effort de la puissance humaine, afin de parvenir à se créer une légitimité; il a succombé dans ce labeur. Mais en succombant, ce n'est point à la révolution, à qui il avait porté des coups si funestes, qu'il léguait l'avenir.

CHAPITRE IV.

A qui appartient l'Avenir.

La révolution de Juillet , parodie de la première révolution , dernier éclat d'un tonnerre qui s'éteint , n'a pu créer aucun principe , fonder aucune institution ; jeter aucune ancre pour arrêter son naufrage.

Par un instinct de conservation , la France sentit tout-à-coup toute l'impuissance de cette révolution. Au bout *des Trois Jours*, elle n'entrevit que l'anarchie. Il fallait chercher un abri , et le Gouvernement du 7 août fut proclamé.

La France se trouva heureuse d'avoir la vie sauve sous cet abri : mais la tente dressée pour une nuit d'orage , n'a pu être transformée en un édifice solide.

Dès ce moment , la France chercha son avenir.

Les élémens contre-révolutionnaires commencèrent à fermenter sourdement dans son sein. Le nouveau Gouvernement livré en face de Juillet, à la prudente souplesse des doctrinaires, fut le résulat de cette première impulsion. Les doctrinaires sont de leur nature des hommes de transition. Et de même que la restauration glissa lentement vers un jour d'anarchie par les doctrinaires, c'est aussi par les doctrinaires que la restauration amendée arrivera pleinement dans le principe national.

La France en ce moment court à pleines voiles dans cette voie ; par les hommes, par les choses et par les principes.

Par les hommes : tout ce que Juillet a exalté et mis en lumière, est aujourd'hui tombé dans la disgrâce ou laissé dans l'oubli.

Par les choses : la décadence sociale produite par la tourmente de Juillet touche à son dernier terme ; et il suffit du seul instinct conservateur de la société pour en détruire la cause. Cette cause est le principe de Juillet.

Par les principes : la France est révolutionnaire ou contre-révolutionnaire. Si elle était révolutionnaire, elle marcherait dans le sens de la révolution de Juillet ; mais dès qu'elle marche au rebours de cette révolution, sous le charme de cette révolution même, il est démontré qu'elle est contre-révolutionnaire.

Ce *mezzo termine*, par lequel le pouvoir actuel esquive un grand nombre de difficultés, n'est point, comme on le croit généralement, un *milieu* entre la révolution et la contre-révolution. Ce n'est qu'un passage clandestin de l'une à l'autre. En effet, s'il était vrai que la révolution de Juillet eut produit l'ordre de chose actuel, c'est qu'elle serait triomphante et maîtressse du terrein. Or, a-t-on jamais vu le vainqueur transiger perpétuellement avec le vaincu !

A voir la marche des choses, il est facile de se convaincre que tout gravite vers cet équilibre politique, dans lequel se trouvait placée la France dans les dernières années de la restauration, et qui n'a

été rompu que lorsque la fraction démocratique,
au lieu d'être une pondération dans l'État, a rompu
son ban et est devenue une conspiration. Il en serait
de même, si la majorité qui contient en elle les élémens du principe conservateur se fut fourvoyée au
point de s'emparer des trésors de l'État et de tous
les monopoles. La chance des malheurs publics s'é-
puiserait également après ce triomphe ; et le principe national rentrerait alors par la gauche, de même
qu'il rentre aujourd'hui par la droite.

Car il ne faut pas s'y tromper : les Nations, l'histoire le confirme, ne sortent jamais de leur constitution que par la conquête ; ou , parce qu'elles sont
victorieuses, ou parce qu'elles sont vaincues.

Victorieuses, leur constitution se modifie , parce
qu'elle ne peut supporter une trop grande extension de territoire.

Vaincues, parce qu'elles subissent le joug de la
force et la loi de la nécessité ; et même, dans ce dernier cas, le principe national se relève de tems en

tems et parvient quelquefois à triompher dans une lutte inégale.

Il en résulte que, hors de ces deux hypothèses, les peuples qui se maintiennent dans les limites naturelles de leur territoire , ne changent jamais de constitution. La Dynastie peut changer ; la vieille Charte demeure. Ou s'ils changent de constitution, ils courent à leur décrépitude.

Ainsi, à qui appartient l'avenir de la France ? A sa constitution. Car tout le monde sait aujourd'hui que le système représentatif par voie d'élection populaire n'a pas commencé pour nous en 89. La révolution de Juillet , au lieu d'améliorer ce système, en a suspendu l'exercice partiel et ajourné le complément.

CHAPITRE V.

Que les résultats de la révolution de Juillet rendent impossible l'Emancipation intellectuelle, par le principe de cette révolution, qui est la Souveraineté du peuple.

Chaque jour retentit des plaintes que font entendre les partisans du principe de Juillet, au sujet de l'abandon de ce principe, soit de la part de leurs amis, soit de la part des hommes du *Juste-Milieu.*

Ils ne s'aperçoivent point que ce n'est pas les hommes qui désertent ce principe, mais que c'est le principe qui s'en va des hommes et des choses.

Serait-ce par hasard que le principe de Juillet se serait réfugié dans la Charte du 7 août? Pas le moins du monde. Car on sait que la Charte du 7 août, n'est autre chose que la formule d'excommunication, lancée par la fraction intelligente du parti de Juillet contre la partie matérielle et violente de ce parti.

En effet, depuis les *Trois Jours*, comment un ordre artificiel s'est-il maintenu au sein de la société agitée et ébranlée dans sa base? N'est-ce pas par la lutte journalière du pouvoir contre l'effort incessant du principe de Juillet pour ressaisir, par la force et la violence, sa domination sur la société !

C'est donc là où est le principe de Juillet, où est son énergie : dans l'irruption de la force matérielle et brutale contre les forces morales et intellectuelles de la société.

Si le pouvoir né de Juillet et qui marche contre Juillet, n'a pu et ne peut résoudre aucune question de liberté, c'est à cause du vice originel et de la tache ineffaçable de son berceau. Ce qui vient de la violence ne peut aboutir à la liberté.

Juillet, c'est la domination de la force matérielle sur l'intelligence.

Le régime du 7 août, ou le pouvoir actuel, c'est la prédominence de la force gouvernementale (provisoire parce qu'elle est sans principes) sur la société ; c'est un *milieu* qui flotte entre la violence et la liberté, jusqu'au moment où il sera dépassé par la violence ou absorbé dans la liberté.

D'après ces observations, on ce convaincra facilement, que les illusions du *progrès* intellectuel, qui faisaient toute la force morale des doctrines révolutionnaires pendant l'époque de la restauration, ont dû se dissiper et s'évanouir totalement depuis Juillet, et par l'expérience de Juillet.

Voilà donc le seul produit moral, mais immense de l'événement de Juillet:

C'est d'avoir dégagé la réaction sociale des illusions révolutionnaires qui l'entravaient, et d'avoir replacé nettement la question du pouvoir sur la base naturelle et sans fiction des intérêts sociaux.

Cette question, ainsi ramenée sur son véritable terrain, il faudra que l'un des deux faits suivans s'accomplisse:

Ou que le pouvoir rentre dans le principe conforme et analogue aux intérêts sociaux , et dans ce cas , de longs jours de prospérité et de gloire sont réservés encore à notre grande et magnifique nation Française ;

Ou bien le pouvoir refuserait ou ne pourrait accomplir cette chance ; et alors, poussés par un nouveau coup de main de *Juillet* dans la région des tempêtes , nous descendrions rapidement la pente de la barbarie. Un autre moyen âge , qui n'aurait pour le protéger que la féodalité de l'insurrection et de l'émeute , viendrait nous envelopper de ses ombres et de ses mystères de sang.

La Souveraineté de Juillet que nous voyons depuis trente mois , par une expérience décisive , se formuler dans toutes les variétés de l'arbitraire et de la licence , opprimer tous les droits , s'implanter tous les monopoles , est donc entièrement hostile et contraire au progrès de l'émancipation intellectuelle.

Car cette Souveraineté de Juillet n'a que deux

chemins ouverts devant elle , ou l'insurrection , c'est-à-dire l'oppression populaire et l'abus de la force matérielle ; ou le *Milieu*, c'est-à-dire l'arbitraire et le monopole.

Ces deux fatalités sont également funestes à la liberté et à l'émancipation intellectuelle ; c'est démontrer surabondamment qu'elles sont l'une et l'autre antipathiques à la civilisation.

Mais n'est-il pas évident que pour une époque, aussi éclairée que la nôtre, le choix entre la barbarie et la civilisation, ne saurait être douteux ; et que, malgré l'influence des *Trois Jours* qui pèsent en ce moment sur notre patrie, les chances de la liberté sont belles et consolantes.

CHAPITRE VI.

89 et 1833.

Voici deux années qu'un intervalle de tems assez long sépare , et qui cependant fraternisent ensemble à tel point ; que l'on dirait de l'année 1833 , qu'elle est le corollaire de l'année 1789.

89 avait jeté un cri de liberté , un cri qui a ébranlé le monde ; 89 a redemandé le vote des communes , et la confirmation des libertés locales. La souveraineté nationale , qui retentit et se révèle à travers tous les siècles de notre monarchie , fut de nouveau proclamée , et les cahiers des communes eurent pour objet d'en régulariser l'exercice. La liberté de la presse, ce hérault du dix-neuvième siècle, était la conséquence de cette émancipation définitive de la pensée. Tout à coup, une partie de l'Assemblée qui représentait la France , fut frappée de

vertige. La licence s'empara de l'œuvre de la liberté; et tout fut précipité pour quelques jours dans un abime de barbarie et de crimes. C'est au sein de cette orgie politique que le principe révolutionnaire de la Souveraineté du peuple fut proclamé.

Mais ce principe de la Souveraineté populaire, mis à la place de la Souveraineté nationale proclamée en 89, fut l'œuvre de cette faction, qui après avoir violé son mandat, et s'être constituée Souveraine, a voulu se substituer elle seule au principe de la nationalité Française. Elle crut se faire *homme* ; elle ne se fit que bourreau.

Il est donc évident que le principe, auquel adhère la majorité en France, est celui de la Souveraineté nationale selon nos antiques institutions ; et que le principe de la Souveraineté populaire, n'est que l'expression seulement d'une minorité révolutionnaire, qui s'est établie par la fraude et la violence, à la place du principe national.

Tout l'intervalle de tems qui s'est écoulé depuis cette époque n'a été qu'un douloureux combat entre ces deux élémens ; entre le principe exceptionnel, celui de la minorité, et le principe national celui de la majorité.

La réaction du principe de la Souveraineé nationale contre le principe de la Souveraineté populaire a été constante, patiente et forte. Buonaparte lui-même, qui était le fils de la révolution et de la Souveraineté populaire, a marché toujours dans le sens de cette réaction. ne pouvant rentrer pleinement et franchement dans le principe national, puisque ce principe le chassait du trône, il a usé l'énergie de la révolution en lançant cette révolution sur le monde ; et il a pris tout ce qu'il pouvait prendre à la légitimité : la gloire des armes et le sceptre de la conquête.

Il est remarquable, que tous les pouvoirs issus du principe révolutionnaire de la Souveraineté du peuple, soient condamnés à gouverner dans un sens beaucoup plus hostile à ce principe, que ne pourraient le faire les pouvoirs sortis du principe national, à cause des élémens anarchiques que comporte le principe de la Souveraineté-populaire et tout ce qui en dérive.

En 1814, c'est le principe de réaction nationale, qui, après avoir mûri l'opinion sous le régime du sabre impérial, replaça les Bourbons de la branche aînée sur le trône.

Dans le cours de la restauration le principe national se laissa affaiblir, par cela même qu'il comporte plus de liberté, et parce qu'il lui est donné d'acquérir plus de force par l'expérience morale, que par la possesion matérielle du pouvoir. Car c'est de lui surtout que l'on peut dire : qu'il se fait sentir d'autant plus qu'il est absent.

L'événement de Juillet, produit par l'irruption des élémens de désordre amassés pendant la restauration au profit du principe révolutionnaire, en laissant pendant trois Jours à ce principe le règne de la victoire, et en le mettant au défi de rien pouvoir fonder d'organique et de stable, fut pour ce principe même une expérience décisive et fatale. Abandonné à l'énergie de tout ce qu'il a de puissance, il se vit contraint de donner sa démission ; et l'évé-

nement du 7 août ne fut autre chose que la démission du principe révolutionnaire ou du principe de
Juillet entre les mains du *Milieu*, qui, en outra-
geant et anihilant Juillet, devait accélérer vivement
le progrès du principe national.

Ainsi l'on voit maintenant comment le principe
national, qui fit un pas en avant en 89, par les
réformes opérées sur les demandes des cahiers des
communes, fit une halte en 93, pour laisser passer
l'anarchie ; reprit sa marche lente et silencieuse
sous l'Empire, éclata à la restauration ; et en 1830,
se voila en présence du cahos des *Trois Jours ;*
dejà riche d'expérience et de la leçon des peuples au
7 août 1830, il reprit sa marche vigoureuse à travers
les ruines de toutes nos libertés, pour les relever,
se frayant une voie large au sein de toutes les contradictions du régime gouvernemental, né de *Juillet.*

Depuis 89, l'expérience a été faite de trois impossibilités gouvernementales : la première est celle de
la République ; la seconde est celle de l'Empire ;
la troisième est celle d'une Monarchie née de

la Souveraineté du peuple , ou pour parler le langage du moment , d'une *Monarchie entourée d'institutions républicaines.*

Le principe national, survivant aux révolutions, fort aujourd'hui de ces trois impossibilités , apparaît seul triomphant et décisif ; et l'on voit par cette raison que 1833 , n'est que le second annexe longtems disjoint , aujourd'hui ressoudé , de la chaîne majestueuse de nos principes monarchiques.

CHAPITRE VII.

Ce que veut la France.

La France veut l'ordre et la liberté ; il n'est pas un homme , il n'est pas un parti qui ne reconnaisse et ne publie cette vérité.

Mais la France , qui est logique , comme l'est par instinct et par sentiment tout corps social qui veut se conserver , la France , disons-nous , ne veut pas l'impossible.

D'après les simples observations contenues dans le chapitre qui précède, il est évident que les trois systèmes qui se sont supperposés au principe national depuis 89, ont achevé leur tems ; parce qu'ils se sont démontrés , s'il est permis de s'exprimer ainsi, impossibles.

Nous avons fait voir également , comment depuis

89, les trois systèmes qui s'étaient emparés successivement du pouvoir, étaient sortis du sein de la minorité Française ; c'est parce qu'ils n'ont représenté que la minorité, qu'ils ont toujours été violens et despotiques.

Ainsi, depuis 1790 jusqu'en 1814, c'est la minorité, c'est le pouvoir d'exception qui a dominé et et opprimé la France. En 1830, cette force exceptionnelle, qui rassemblait en elle tous les élémens restés vivans de la République et de l'Empire, a fait irruption sur la Société. Cette force de la minorité demandait à faire une nouvelle et dernière épreuve de sa capacité gouvernementale. Cette épreuve a été faite. La France en paie les frais. Elle est décisive.

Le principe national, fondé sur la *Liberté* des communes et sur le *vote universel* des contribuables, reparaît donc dans le monde politique, désormais sans concurrent et sans rival.

Mais ce principe n'est point pour la Société française un être nouveau, un utopiste inconnu. Il ne vient point demander l'hospitalité parmi nous. Il n'y vient pas. Il y reste. Parce que , qui que ce soit , en faisant mieux que lui , n'a pu encore l'en chasser,

En résumé , qu'est-ce donc , en 1833 , que le système du *vote universel ,* que bien des gens , même avec les meilleures intentions , considèrent comme une utopie , plus ou moins probable?

Eh bien ! ce système n'est à l'heure qu'il est, que la prépondérance du droit de la majorité sur les prétentions de la minorité. Minorité toutefois à laquelle on n'a point refusé le commandement ni la domination ; mais qui déclare enfin elle-même qu'elle n'a ni la capacité ni la force de l'exercer, par la raison surtout qu'elle est minorité. Car les droits nationaux , (c'est une loi de la nature , et de la logique ,) ne peuvent être que ceux de la Nation , et non pas seulement d'une partie de la nation. L'expérience est donc finie ; car , depuis quarante ans, la majorité payait et regardait faire.

Pour dernière preuve de la prépondérance du

droit national , prenons les tables du budjet depuis 89; et voyons d'où sont venues toutes les charges exorbitantes, qui ont entravé la marche de la nationalité Française. Ces charges ont constamment été produïtes par les besoins de la minorité , qui n'ayant ni le droit ni la justice pour elle , a régné à force d'argent et d'arbitraire.

Il n'y a donc point eu , depuis 89 , de prescription contre le droit national, parce que ni la République, ni l'Empire , ni la Monarchie *quasi-légitime,* ne l'ont su mettre en demeure.

Ils l'auraient mis en demeure en faisant mieux que lui: mais ils ont fait plus mal.

CHAPITRE VIII.

De la Civilisation.

Les mêmes principes qui nous ont servi à déter-
miner le mouvement réactionnaire de la Société
dans les voies politiques , nous serviront à expliquer l'énigme de l'état actuel de la civilisation
en France.

Il faut , avant toutes choses, tenir compte d'un
même phénomène qui se reproduit à la fois , depuis
89 , dans la politique , dans la civilisation et dans
les arts : ce phénomène consiste , pour parler la
langue des dialecticiens , à supposer en fait ce qui
est en question. Cette triple erreur , qu'il faut attri-
buer à une préocupation des hommes de notre tems,
est caractérisée par le mot de *progrès* , que les novateurs , d'accord avec les démolisseurs , ont pris
pour symbole et pour devise.

Ainsi , les hommes qui ont couvert la France de sang et de ruines , sont des hommes du *progrès* ; ils se disent aussi des hommes de *progrès* , ceux dont les opinions invoquent le régime du sabre et le ravage de la conquête !

Le règne des *Barricades* appartient au *progrès !*

Le régime du 7 août , qui a confisqué l'une après l'autre toutes nos libertés , est soutenu et épaulé par des hommes qui se disent du *progrès !*

Le Budjet de 1831 , 1832 , 1833 , accompagné de la misère publique et commerciale , sont inévitablement inscrits dans la cathégorie des choses du *progrès !*

Enfin , tout ce qui est décrépitude morale , honte politique , féodalité du 19e siècle , tout cela est du *progrès !*

Cela ne se nie point : cela se dit et s'écrit tout haut, il faut donc prendre les faits tels qu'ils sont.

Ouï, il y a un progrès ; mais ce progrès, où est-il ? où se montre-t-il ? qu'elles sont ses voies ?

Le combat entre la vérité et l'erreur est un combat sans fin. L'Arme de la vérité, c'est la lumière ; l'erreur n'a d'autre arme que l'hypocrisie. Mais l'erreur ne pouvant rien produire, n'a d'autre moyen de séduction que de faire croire qu'elle produit : ne pouvant marcher, elle affecte de dire qu'elle marche. La vérité va en avant, mais elle ne prend pas une trompette pour faire sonner à l'oreille des peuples, qu'elle *va en avant !*

La vérité pousse l'humanité dans une voie progressive ; mais elle n'a pas besoin de dire : c'est moi qui suis le *progrès.* Dieu ne dit point aux hommes du haut de la nue : c'est moi qui ai créé le monde, et non point un autre !

De même la portion de l'humanité, qui est dans la voie du *progrès,* n'assourdit point l'autre partie de l'humanité, et ne la convoque pas pour lui dire : c'est moi seule qui suis en *progrès.*

La partie la plus morale de la population Française, celle qui a conservé plus précieusement en elle le feu sacré des vertus et des arts, celle qui progresse le plus., n'est point celle qui se vante du *progrès*.

Il en est des masses comme des individus, pris en particulier ; le plus fort , le plus brave, n'est pas celui qui dit à tout venant : je suis le plus fort et le plus brave.

Les Fanfarons] du *progrès* , s'il est permis de se servir de cette expression , ne sont donc pas les hommes qui nous expliqueront le secret de la civilition au 19ᵉ siècle.

Depuis les commencemens de notre monarchie , depuis surtout l'époque de l'émancipation des communes , le progrès de la civilisation a été constant en France ; mais les passions politiques cherchaient à chaque pas à contredire sa marche , à voiler son éclat , ou à s'emparer de son drapeau.

Le progrès de la civilisation , n'est et ne peut être que la *progression* de la Société dans les voies de la liberté et de la moralité publique.

La liberté en France , de même que la monarchie , est née dans les camps. Le premier groupe d'hommes qui commença notre Nation , fut une

Pléiade d'hommes libres et braves , qui se réunirent pour secouer le joug de la barbarie et de la conquête.

La France fut donc à son origine, un camp retranché à l'extrémité de l'Europe ; et l'esprit militaire, qui avait présidé à son principe, s'étendit dans les institutions civiles. En vertu de cette loi, la France se réfugia derrière la féodalité , pour résister à l'invasion de l'étranger et au retour de la barbarie toujours menaçante.

Peu à peu le soleil de notre civilisation naissante projeta ses rayons, autour d'elle et sur l'Europe ; les mœurs s'adoucirent , le fer resta suspendu au foyer ; on put prendre haleine et faire halte ; on commença à entrevoir les avantages de la vie civile ; la liberté des communes s'éleva autour de la féodalité , qui s'affaiblissait et commençait ses ruines.

On voit que la liberté et la moralité marchaient ensemble et du même pas.

Mais la puissance monarchique s'emparant de la

sève qui avait quitté l'arbre de la féodalité, féconda
le trône d'un surcroit de force politique : et dès lors
la centralisation commença. Sous l'empire de cette
centralisation, la civilisation s'avança rapidement.
mais d'un pas inégal. La lumière était répandue à
profusion sur le sommet ; le pourtour de la pyra-
mide sociale, ainsi que sa base, restaient plongés
dans une sorte de crépuscule.

Dans cet état de chose, et éblouies par l'éclat que
jetait du haut du trône la puissance nationale, les
communes laissèrent aller leurs libertés locales.
Mais lorsque les idées subversives de la réforme et
de la philosophie, se furent approché du trône et
eu eurent ébranlé la base ; tout se trouva attaqué
à la fois, et le principe national des communes et
le principe du trône. Il fallut chercher un antidote à
ce poison de la dissolution sociale qui s'étendait de
toutes parts. Les communes furent convoquées; les
cahiers furent ouverts ; 89 arriva. Il était trop tard.

L'esprit philosophique et irreligieux avait corrodé
le sentiment national. Un vaste aveuglement voila

toutes les intelligences. L'histoire de France cessa d'être comprise. La voix des communes , restée pure encore, loin du foyer de toutes les corruptions, éclata mais en vain. Le cri des vieilles libertés Françaises fut étouffé par le tumulte des philosophes.

La licence se para insolemment du manteau de la civilisation et de la liberté ; et l'échafaud se promena vainqueur et sanglant sur les places publiques.

La nation Française présenta alors le phéno-mène le plus extraordinaire qui aït paru dans l'histoire du monde. La barbarie , d'un horrible bond , escalada le sommet de la civilisation. Elle dansa dans le sang , et toutes les gloires de la France furent insultées dans les orgies révolutionnaires. Le soleil de notre civilisation se voila , et suspendit sa marche, forcé de contempler ce hideux spectacle,

La France sortit de cet abîme de fange , comme autrefois elle était sortie des forêts des barbares , pour s'élancer dans les camps. La gloire vint laver la honte du règne de l'échafaud.

Là commença le mouvement réactionnaire de la restauration sociale. Mais ce mouvement , quoique rapide, fut d'abord inaperçu. L'Empire naquit de la lave déja refroidie du volcan révolutionnaire. Buonaparte enfanta Louis XVIII , qui donna la Charte de 1814. Mais la Charte de 1814, en proclamant le rétablissement de la liberté Française , ne put jeter que les fondemens de la restauration des libertés locales. La révolution de 1830 , en détruisant la dernière illusion de l'égarement philosophique du 18e siècle , dernier obstacle à la reprise des droits des communes , nous a jetés , sans le vouloir , dans les voies larges de la liberté et de la civilisation.

La révolution de Juillet est un cours de logique expérimentale., dont les Peuples paient chérement la leçon.

Cette logique expérimentale est la seule vraie , la seule définitive , parce qu'elle fait marcher les principes avec les faits. Elle seule produit , en politique le syllogisme complet avec sa *majeure*, sa *mineure* et sa *conséquence*.

En effet, avant *Juillet*, une République révolutionnaire, menée à bien par quinze ans d'une conspiration habile, tantôt occulte, tantôt patente, pouvait, avec un peu de patience, s'emparer du pouvoir et de la Société, et livrer la France aux chances inévitables de l'invasion ou de la terreur.

Après *Juillet,* après *Juillet* tombé dans le *piége* du *Milieu,* une pareille destinée est impossible.

Que peut *Juillet*, accablé des ruines de la Pologne, des ruines de la Belgique ; *Juillet*, stigmatisé de mille défaites, de mille affronts ! *Juillet* accablé d'un Bugjet de près de deux milliards, en lui tenant compte de l'abîme du déficit ; *Juillet* tout couvert des chaînes jetées sur la liberté par les hommes forts de *Juillet* ; *Juillet*, dont tous les hommes ont passé par les engrenages de la roue du *Milieu*, qui les a rejetés, brisés et mourants sur les rives du monopole !

Les libertés de la Patrie vont reluire ; la civilisation va reprendre une marche ferme et assurée ;

parce que le fantôme des révolutions qui apparaissait toujours sanglant sur leur chemin, a été dissipé et anéanti par les folies de *Juillet*! après les folies de *Juillet*, plus de révolutions possibles. Car, pourquoi les destins d'une révolution marchent-ils vers l'avenir? Parce que les peuples voient dans une révolution la conquête de la liberté et du bien-être. Or, après *juillet*, que peut-on dire aux peuples? Rien, si ce n'est qu'à cause de *juillet*, ils n'ont plus ni liberté, ni bien-être. Toutes les balles de *juillet* se sont relevées de la poussière et ont percé *juillet* de part en part. Maintenant, ô Hommes de *juillet*, criez au despotisme, à la trahison! Mais c'est vous, qui êtes les despotes de vous-mêmes; c'est vous-mêmes qui vous êtes trahis! *juillet* a tué la *Fronde* : *juillet* a tué la *Ligue*; tout le dix-huitième siècle a été mutilé et mis au poteau par *juillet*; 93 déja couvert de sang et de boue ne se relèvera pas de la honte dont l'a couvert *juillet*. *Juillet* est le fléau de toutes les révolutions passées et futures.

Qui s'opposerait donc maintenant à la marche de

la liberté et de la civilisation ! Serait-ce parce que la branche cadette est dans ce moment au pouvoir, au lieu de la branche aînée ! Mais voyez ce qui se passe, et dites s'il n'y a pas solidarité entre les deux branches ; à tel point, qu'il semble que la cadette se soit trouvée là à point nommé, après Juillet, pour venger la branche aînée et obtenir son bil d'indemnité !

N'est-ce pas pour venger son aînée, que la cadette a affecté de donner moins de liberté quelle ! moins de bien-être, moins de prospérité, moins de gloire. Partant plus d'impôts, plus de prison, plus de misère ; plus d'obéissance aux cours de l'Europe ; plus de dédain, plus de fiel pour les hommes inféodés à la République. Que reste-t-il à regretter à la branche aînée ? Un trône sans doute, en ce moment : mais la branche cadette ne vient-elle pas d'illustrer à jamais les quinze ans de sa possession du trône ; la branche cadette en un mot, n'a-t-elle pas fait l'apothéose de la branche aînée ! et quelle apothéose ! ces *D'ORLÉANS sont de si bonnes gens !*

L'arme du despotisme ne se forge que dans l'atelier des révolutions : et cette épée de l'arbitaire que porte faiblement et à regret la branche cadette, a pour poignée l'œuvre de Juillet. Quand cette œuvre de Juillet (œuvre exceptionnelle dans le mouvement du siècle), sera tout à fait usée , il faudra rentrer pleinement dans le sens de la liberté et de la civilisation.

CHAPITRE IX.

De l'Influence des événemens de Juillet sur la marche de la civilisation et du progrès.

La *Restauration*, en délivrant la France de la féodalité révolutionnaire, avait fait faire un pas immense à la civilisation et à la liberté. Mais cette Restauration, toute bienfaisante qu'elle était, avait elle même à s'affranchir de quelques préventions, qui, sous plusieurs rapports, la retenaient captive sous l'influence du passé. Elle marchait à grands pas vers ce dernier affranchissement, si les malheurs de Juillet, bouleversant tout l'ordre moral et politique, n'eussent interrompu ee progrès.

Ainsi, la *Restauration*, devancée et pressée dans sa marche par le flot révolutionnaire, n'était pas assez libre dans ses mouvemens et dans son allure pour avoir la force d'émanciper les communes et d'appuyer la base de la société sur le suffrage universel.

Elle ne pouvait pas non plus se débarrasser de l'article 14 ; ce legs de la nécessité imposé par le despotisme de 93, à tous les pouvoirs qui viendraient après, pour servir de contrepoids aux dernières oscillations du tremblement révolutionnaire.

Le pouvoir, issu de la tourmente de Juillet, n'a pu procéder à cet affranchissement de la société française, et s'est trouvé rejeté bien en arrière. Il a de grands obstacles à surmonter, avant d'arriver au point où la *Restauration* laissa le *progrès* , en 1830.

Il est donc évident que sous ce point de vue général, la catastrophe de Juillet nous a fait faire des pas rétrogrades dans la civilisation.

Ce mouvement de recul se constate jusqu'à l'évidence , lorsqu'on remarque (ce qui est pour les esprits attentifs d'une évidence mathématique)que tout l'effort social, depuis le quatrième jour de la révolution de Juillet, s'est fait dans un sens de retour à la Restauration, et pour regagner le terrein conquis pendant quinze ans, et reperdu en trois jours.

C'est pour obéir à ce mouvement, opéré par les hommes de Juillet eux-mêmes, que tous les esprits distingués de ce parti se sont mis à apostasier leur propre ouvrage et à louer la *Restauration* qu'ils avaient renversée. Et qu'on ne dise pas que l'ambition personnelle ait pu produire une aussi étrange palinodie! car ces ambitions personnelles auraient pu tout aussi bien se satisfaire en complétant la révolution de Juillet, si cette révolution n'eût pas été entachée d'un principe anti-social.

Or, il n'y a rien de possible, en fait de société, avec un principe anti-social.

Toute la force sociale s'est donc portée d'abord vers la répression de l'émeute ; l'émeute, principe vital des révolutions ; l'émeute, seule société possible des révolutionnaires.

Mais l'on voit tout d'abord , combien il fallait que la société eût reculé dans les voies du *progrès* , pour en être reduite à employer son labeur et son énergie à la repression de l'émeute : barbarie nouvelle , barbarie épouvantable, qui, à l'aide du principe révolutionnaire, se jette sur les civilisations vieillies, comme sur une proie.

Un homme a quitté son foyer pour un voyage ; en traversant une forêt, il est attaqué par des voleurs; cet homme alors a bien assez d'occupation de défendre sa vie ; mais, certes , il n'est pas , en un pareil moment , en voie de *progrès* pour sa fortune et ses affaires. Il en est de même de la société livrée à l'émeute.

Quand l'émeute , qui est le désordre dans les masses , est réprimée, il faut réprimer les désordres individuels , les désordres collectifs produits par les associations ; ç'est alors que les prisons se remplissent ; que la liberté est violée au nom de la liberté même. Et c'est là le plus grand malheur politique. Combien la vie de la liberté ne sera-t-elle pas vacillante et précaire, lorsque la liberté aura donné le plus pur de son sang, pour payer sa propre rançon! car il faut qu'elle se rachète des mains de l'anarchie!

Mais, lorsque la liberté s'est lavée du limon de l'émeute et de l'anarchie, un immense labeur lui est imposé. La morale publique a été ébranlée jusques dans ses fondemens par les palinodies politiques, par les contradictions des opinions ; la société, ainsi faite, ne présente plus aux peuples moqueurs que le spectacle d'un sarcasme perpétuel et amer. Quand on est né du principe antisocial de l'insurrection, il faut ensuite se contredire pour défendre l'ordre matériel ; il faut défendre par la force ce qu'on a pris par la force. Il faut violer toutes les libertés, après les avoir invoquées toutes. Les hommes du pouvoir n'ont plus aucune foi politique ; et cependant il leur faut un certain amour du bien public, pour préserver la société des derniers ravages du sophisme politique. Et puis, lorsqu'au fort de la tempête *l'ancre de misère a été* jeté, quand on en est réduit à lancer des balles aujourd'hui contre ceux dont hier encore on pressait la main, que doivent penser les nations, dont on devient la risée! Que doit penser la masse des gens honnêtes! Que doivent penser les hommes du pouvoir eux-mêmes, lorsqu'ils n'ont pas un mot d'excuse en faveur de toutes ces folies d'illégalité, devenues presque nécessaires pour échapper au retour toujours flagrant d'autres folies plus cruelles!

Ah! c'est là, disons-le, le plus grand malheur pour les peuples. Le travail, l'économie et la patience pourront un jour combler l'abîme de la dette publique, faire disparaître les traces de ces longues misères qui suivent les révolutions! Mais comment retrouveront-ils la foi dans la justice, la foi dans l'humanité, la foi dans la dignité humaine, lorsque leur conscience aura été brisée par le spectacle de toutes les hontes, de toutes les contradictions, de toutes les turpitudes! Ne résultera-t-il pas de tout ce cahos, une croyance dernière, une croyance vengeresse qui s'attache aux nations vieillies et qui tombent, je veux dire cette foi unique et désolante à la perversité humaine ; cette foi à la suprématie de l'intérêt personnel, qui s'établit à la fin en vainqueur sur les ruines de toutes les croyances, sur les débris de toutes les probités. C'est alors que les peuples, à la lueur vacillante de ce soleil mourant, descendent rapidement dans le sentier de la barbarie.

CHAPITRE X.

De l'avenir de la Civilisation.

Sans doute, à la vue de cette misère intellectuelle
que met à nu le lendemain d'une révolution, faite
sans avenir, que de petites passions ont fait naître.
et avorter, l'ame est saisie de découragement et de
regret. Et s'il fallait ne croire qu'aux apparences,
on n'oserait entrevoir le jour où le voile de deuil
qui couvre l'image de la patrie, sera enlevé, pour
offrir aux regards sa statue radieuse.

Mais toutes les espérances se raniment, tout l'avenir se déploie riant et serein, lorsque détournant les
yeux de ces surfaces flottantes et mobiles qui changent et passent, on reporte son attention sur le travail
intérieur de la société. Par delà cette scène, sur
laquelle crient et grimacent mille palinodies politiques, s'opère une réaction sociale, profonde et

lente. La révolution de Juillet, n'est plus autre chose qu'une crise passagère, péripétie d'une position fausse, dans laquelle sont venus se dissoudre à la fois et les derniers élémens de la grande catastrophe de 93, et les illusions doctrinaires, que traînait avec elle la Charte de 1814; double poison qui la dévorait lentement et sans cesse.

Quel immense retour s'est donc opéré! et comment s'est-il fait depuis *Juillet*, que cette masse de la population, qui s'échelonne entre la petite et la grande propriété, se soit tout à coup sentie saisie d'horreur pour l'insurrection et l'anarchie, elle qui, pendant quinze ans, insoucieuse de l'avenir, battait des mains aux moindres tentatives d'anarchie et d'insurrection! D'où est venu tout à coup son devoû̂ment pour l'ordre, porté jusqu'au fanatisme! Concluez de cet amour de l'ordre qui revient à toute cette classe importante, et qui se penchant à droite ou à gauche peut faire pencher à son gré toutes nos destinées; concluez-en, que toute la société gravite vers une même et large base. Et que lorsque l'amour de l'ordre aura pénétré de sa sève toutes les fibres du corps social, nous marcherons à grands pas dans les voies, long-tems obstruées de la civilisation et de la liberté. Alors on verra que toutes ces contradictions qui nous serrent le cœur d'amertume et d'effroi, que toutes ces apostasies qui portent notre dégoût jusqu'au mépris, étaient des sacrifices cruels mais nécessaires qu'il fallait faire à la liberté. Il fallait cette dernière épreuve pour forcer tous les Français à aimer l'ordre et la liberté et à prendre en haine les révolutions.

CHAPITRE XI.

De la Civilisation dans le temps actuel, considérée sous le point de vue de la moralité individuelle.

Les questions de civilisation doivent être considérées dans leur ensemble et sous toutes leurs faces. Le point de vue le plus essentiel de la civilisation est celui de l'amélioration morale. Et sous ce rapport, il faut toujours prendre pour point de départ l'impulsion sociale donnée au monde par le Christianisme.

Il est d'autant plus essentiel de replacer sur sa vraie base, qui est la moralité, la question de la civilisation, qu'un assez grand nombre d'écrivains, dont le mérite et la renommée ne sont pas d'ailleurs contestables, ont affecté dans ces derniers tems, une certaine indifférence pour le principe moral de la civilisation.

Les uns ont pris pour un *progrès* de la civilisation, la tendance vers quelques améliorations politiques.

Les autres n'ont vu le *progrès* de la civilisation que dans le développement du bien-être de la société en faveur de quelques classes de la population.

Ceux-ci ont attaché exclusivement l'idée du progrès, à une plus grande dissémination de l'instruction populaire, sans examiner le mérite et la valeur de cette instruction même.

Ceux-là ont recherché le mouvement de la civilisation, dans ce sentiment de philantropie généreuse qui tendrait à faire abaisser en faveur des criminels le tarif de la pénalité. Ceux qui ont écrit pour l'abolition de la peine de mort ont obéi particulièrement à cette préocupation. Mais il faut dire qu'en général, (et sans toucher pour le moment à cette question,) l'intérêt qu'ils ont pris aux coupables leur a fait perdre de vue l'intérêt qu'ils devaient aux victimes. Il nous semble que pour arriver plus sûrement à la solution désirée, il faudrait , en proposant les moyens d'abolir la peine de mort, proposer des moyens proportionnels d'abolir et d'éteindre l'assassinat, l'empoisonnement et le meurtre. Car l'assassinat est quelque chose encore de p lus lâche au sein de la civilisation que dans la barbarie.

Ces observations étaient nécessaires pour montrer que la question de civilisation ne saurait se présenter à notre esprit, isolée de la question de la moralité humaine.

Que si maintenant nous examinons l'influence des derniers événemens sur la marche de la civilisation en France, et p ar contre-coup en Europe, nous serons forcés de reconnaître :

1° Que d'un côté, les principes de la moralité politique ont été gravement compromis et par les primes, que quelques Gouvernemens ont accordés à l'esprit d'insurrection et d'anarchie, et par les contradictions, les apostasies et les palinodies de tous les hommes qui se sont mis à soutenir, pour en profiter, les régimes nouveaux qui ne sont que des régimes de fait.

2° Que l'art du sophisme , ayant dû épuiser toutes ses ressources pour dissimuler la gravité des faits , et pour faire prédominer les apparences sur les réalités , il en est résulté un mouvement de decadence dans le système général de la moralité politique ;

3° Que le principe de la *nécessité* , invoqué par les Gouvernemens , pour ruiner par la lassitude et le dégoût le principe de l'insurrection , tend à détruire toute foi politique, érige en axiôme , l'indifférence du bien et du mal ; et par cette indifférence même enhardit toutes les coupables entreprises des novateurs contre l'ordre social ;

4° Que l'absence de foi politique , proclamée par les Gouvernans eux-mêmes , compromet non-seulement la morale politique , mais encore porte atteinte au principe de la propriété. Car les récompenses accordées pour violation du droit, contre l'attaque du trône et de la propriété du trône , sont une prime d'encouragement donnée aux violations à venir ; la récompense accordée à ceux qui ont violé la paix publique, la première de toutes les pro-

priétés chez les peuples civilisés , est un encouragement à tous les troubles , à toutes les insurrections.

Tels sont les principaux griefs qui s'élèvent en ce
moment contre les chefs des Gouvernemens , qui
ont ainsi participé à la violation de la morale publique et de la paix sociale. Principes destructeurs
auxquels ils ne peuvent opposer que des remèdes
violens et pleins de périls , savoir : le despotisme et
l'arbitraire.

Mais si le Gouvernement français s'est laissé aller
à cette attaque coupable contre la grande loi de la
civilisation , il faut reconnaître , dans l'intérêt de
cette civilisation même , d'autres faits qui se sont
produits , et qui serviront de contrepoids aux mau-
vaises chances dont la société est menacée.

Après les trois fatales Journées , la France ébranlée par un commencement d'anarchie jusques dans
ses fondemens , s'est levée comme par inspiration
et a opposé au torrent de l'insurrection le front
formidable de la garde nationale. La garde nationale
n'a pas attendu pour se lever et pour protéger le sol,

le signal d'une loi votée par les deux Chambres.
Un mouvement spontané a eu lieu ; c'est l'instinct
de conservation qui l'a produit. C'est la grande loi
des communes qui est reparue toute vivante, et
a couvert de sa vaste armure la surface du sol. En
d'autres termes, c'est le vote général, le suffrage
universel, cette autre loi salique de notre Patrie, qui
s'est de nouveau promulguée elle-même, et qui a
ainsi commencé, le lendemain des trois *fameuses
Journées*, la contre-révolution, ou la réaction sociale
dans laquelle nous progressons.

Depuis, et pendant plus de deux ans, la garde
nationale s'est constamment produite sur tous les
points menacés ; et toujours pour défendre la paix
publique et la propriété. On peut donc dire que la
société s'est sauvée et s'est défendue elle-même en
vertu de l'énergie de son principe.

Les conséquences de cette action de la société sur
elle-même, et en vertu de son principe, sont immenses, considérées sous le point de vue de la civilisation. De notables conséquences ont dû résulter
de ce mouvement social.

Le point de vue de la civilisation a dû prendre plus d'extension dans les esprits, par le sentiment plus vif de la nécessité de l'ordre, produit par le désastre qu'entraînent le désordre et la perturbation sociales. Ainsi l'ordre, auquel on ne pensait guère auparavant, parce qu'on ne soupçonnait pas qu'il pût être troublé à ce point par un ébranlement qui ne semblait devoir compromettre que le sommet de la société, est devenu une puissance dans les intelligences, une loi à laquelle il faut tout sacrifier jusqu'à la liberté même.

Ensuite, la suspension de la liberté, sacrifiée au nom de l'ordre a fait sentir bien plus vivement à la fois et le prix de l'ordre et le prix de la liberté. Les améliorations politiques, suspendues pour laisser passer la tempête, ont fait sentir plus vivement le prix de ces améliorations mêmes.

La question de propriété s'est ainsi définitivement rattachée à la question de la civilisation, à laquelle, en général, avant cette époque, on ne faisait adhérer que les améliorations d'industrie et de bien-être.

Ainsi, le *progrès* de la civilisation se lie aujourd'hui nécessairement au progrès de la réaction sociale ; ou pour parler plus clairement , le mouvement actuel de la civilisation est dans cette réaction même.

Que si nous recherchons l'état actuel des esprits relativement aux croyances religieuses , nous retrouverons les mêmes symptômes , même avec quelque chose de plus saillant et de plus décisif.

Il est avoué par tous les esprits que tout l'effort moral du mouvement qui a abouti à la catastrophe de Juillet, était principalement dirigé contre la religion catholique, la religion de la majorité de Français. Il est évident que le principe insurrectionnel, qui se proclame la *Souveraineté du Peuple*, n'a pas d'adversaire plus antipathique , d'antagoniste plus redoutable , que le sentiment religieux. Leur haine irréconciliable provient de l'opposition de leurs élémens : l'un est la source de tout ordre, l'autre est la source de tout désordre ; l'un courbe l'homme vers la terre , et le pousse vers la brute , en le conduisant vers l'état sauvage; l'autre le relève vers le ciel et le lance vers les sphères de l'éternité.

Le principe révolutionnaire, pour agir logiquement, devait d'abord s'attacher à affaiblir et à détruire le sentiment religieux. C'est ce qu'il fit, de 1814 à 1830. Et aujourd'hui, que la vérité est venu éclater sur les ruines du libéralisme, on a vu s'ouvrir aux regards de l'histoire, le spectacle le plus étrange et le plus hideux à la fois, de toutes les intrigues, de toutes les turpitudes, de tous les mensonges, qui, pendant quinze ans, ont été mis en œuvre pour séduire et tromper la nation Française, sur le compte des hommes religieux et du clergé.

Eh bien, la vérité a été proclamée à la face du monde par les soins de l'erreur même! Une grande partie de la nation, trompée par le charlatanisme libéral, a vu, depuis 1830, vers quels excès se préparait à marcher le libéralisme vainqueur : la religion insultée, les temples profanés, la licence mise en honneur, la liberté religieuse opprimée sur tous les points, de grands désastres, préludes de désastres plus grands encore, sans la révolution du 7 août 1830, qu'on peut caractériser en la nommant, une halte de l'anarchie, épouvantée d'elle-même !

Dès lors, et en même tems que la garde nationale surgissait, par un mouvement spontané, sur toute la surface du sol, pour défendre la propriété contre l'anarchie, le sentiment religieux se relevait de toutes parts. Les illusions s'évanouirent ; le voile fut déchiré ; la société détrompée ne vit plus qu' un ennemi dans le principe révolutionnaire qui l'ava it séduite ; et qui ne dissimulant plus son double but marchait à l'envahissement de la propriété par l'anarchie ; à la barbarie, par la profanation et la destruction du culte et de ses temples.

C'est ainsi que l'instinct de la conservation sociale détermina le mouvement réactionnaire, dont l'acte du 7 août ne fut que le solennel programme ; réaction, sans laquelle le suicide de la révolution de Juillet par les hommes mêmes de cette révolution, serait inexplicable ; réaction, qui, en punissant l'homme jusques dans l'abîme de son orgueil, est une manifestation majestueuse de l'action de la Providence sur les sociétés humaines.

Et combien ne faut-il pas que cette réaction du sentiment religieux soit énergique, pour forcer le principe révolutionnaire de venir lui faire amende honorable, jusques dans le sein de son propre triomphe! Sur un grand nombre de points du royaume, la persécution, la violence ou l'intrigue ont laissé les communes veuves de pasteurs ; en beaucoup de lieux, ce n'est que furtivement et à la dérobée, en quelque sorte, que les ministres de la religion ont pu vaquer aux devoirs de leur saint ministère. Eh bien, a-t-on oui dire que la religion catholique, tout en se retirant à l'écart pour laisser passer la lave de *Juillet*, ait eu à déplorer un grand nombre de défections? Bien au contraire, jamais la religion ne reçut plus d'hommages ; jamais elle ne fournit à notre admiration plus de dévoûmens sublimes. Et l'on peut dire, en rapprochant deux événemens décisifs, quoique d'une diverse nature, que la dévastation de saint Germain l'Auxerrois, et le sac de l'Archevêché ont fait plus de mal à la Révolution de *Juillet*, que la réaction du 7 août !

Les sectes nouvelles, produites par le fanatisme de la cupidité et de l'orgueil, et qui ont voulu profiter du désordre de la société pour obtenir une place dans cette société, ont-elles trouvé un bien favorable accueil ! N'ont-elles pas été partout repoussées par le ridicule et le dédain, le plus terrible antidote contre les sectes nouvelles !

CHAPITRE XII.

De la Civilisation, considérée généralement dans l'état actuel des mœurs.

La civilisation, cette question si variée et si diverse, a cependant un côté qui lui sert toujours comme de base naturelle et qu'on ne peut méconnaître ; c'est celui qui s'applique à la moralité et au bien-être des masses. C'est là le seul sens vrai et profond de la civilisation. Tous les autres points de vue de la question de la civilisation sont nécessairement incomplets.

Ces deux conditions de la civilisation sont insé-parables : de telle sorte que si le progrès du bien-être matériel s'avance indépendant du progrès mo-ral, c'est une preuve que ce progrès n'est qu'appa-rent et illusoire, et qu'il conduit à quelque catas-trophe.

Quant au progrès moral , une pareille déception n'est point à craindre , parce qu'on ne peut admettre l'idée d'un progrès moral indépendant de l'idée d'une amélioration quelconque dans le bien-être matériel.

Depuis l'établissement du christianisme qui a marqué le point de départ de la véritable civilisation , il est vrai d'observer , que la décadence morale et intellectuelle des peuples a toujours été le signal de leur décadence sociale.

Cela était vrai , quoique dans un moindre degré , sous l'empire des croyances mythologiques ; et l'histoire a justifié le grand mot de Platon , sur la nécessité sociale du culte.

Ainsi, parmi nous , la décadence sociale a marché , dans le dernier siècle , d'un pas égal à la décadence religieuse. Et , aujourd'hui que nous pouvons mesurer derrière nous les ruines produites par la philosophie encyclopédiste , par la révolution de 93, *criterium* extrême de cette philosophie , et

par la révolution de 1830 , imitation pâle et confuse
de ces premiers désordres , dernière tentative de
principe mauvais et anti-social, il devient facile d'ap-
précier distinctement la marche parallèle et com-
binée des deux décadences , la décadence morale et
la décadence sociale.

Aujourd'hui toutefois , le progrès de la civilisation , suspendu et brisé par tant de désappointemens et de catastrophes , se trouve dans une situation très-favorable en face de l'avenir , dont il est
destiné à s'emparer.

Aujourd'hui , tous les grands obstacles , qui bar-
raient la marche de la civilisation , sont renversés
et détruits. Les trois grandes illusions , qui avaient
jeté les peuples hors des voies de la vérité , se sont
évanouies et ne sauraient revivre. Ces trois grandes
illusions , sont celles produites par le philosophisme ,
ensuite par la puissance révolutionnaire , et enfin
par les promesses du républicanisme universel. Trois
événemens constatent la chûte de ces trois grandes
déceptions : la chûte de la philosophie encyclopé-

diste , que personne ne conteste ; celle de la barbarie de 93 , que personne ne défend ; celle du républicanisme universel , qui devait se vérifier par la catastrophe de 1830 , et dont la foi n'existe plus que dans un très-petit nombre d'esprits , dont la tenace exaltation survit aux avertissemens répétés de l'expérience.

Cette triple expérience , produite par le triple événement , dont nous venons de marquer les phases, nous semble avoir placé les esprits dans une disposion très-favorable aux progrès de la véritable civilisation. Les préventions religieuses , les préventions philosophiques , les préventions politiques sont éteintes. L'excellence du christianisme dans l'intérêt de la civilisation, est consentie et avouée par tous les esprits ; la philosophie morale et religieuse a remplacé la philosophie impie et anti-sociale des Voltairiens ; la politique de l'ordre et de la légalité , a dans toutes les parties de l'empire social , obtenu la préférence sur la philosophie révolutionnaire et anarchique.

D'autre part, le retour des aberrations du privilége est devenu impossible ; le monopole et la centralisation subsistent encore, il est vrai, mais leur base est ruinée ; ils sont sans racines, puisqu'ils ne sont tolérés encore, que comme une *triste nécessité* de nos derniers troubles, et comme *nécessaires* pour abattre à jamais l'arbitraire révolutionnaire. C'est une exception dont la société tend à se débarrasser, à mesure que se dégageant des liens du provisoire dans lesquels elle est enlacée, elle rentrera dans toute la plénitude de sa condition organique.

La civilisation, pressée et meurtrie long-tems, forcée qu'elle était de marcher à la gêne dans le sillon révolutionnaire, reprend de jour en jour une marche plus franche, plus hardie et plus vive.

Il nous reste, pour terminer ce chapitre, à jeter un coup-d'œil sur l'état général de la moralité en France, depuis la révolution de Juillet.

Nous n'hésitons point à dire que cette partie si importante de la civilisation, prenant sa part de l'expérience fournie par les derniers événemens, paraît avoir subi une remarquable amélioralion.

C'est le propre du caractère français, vif et hardi, de se jouer de la prévision des événemens. Ce caractère, empreint de courage et de bravoure, s'inspire d'une confiance en lui-même qui le porte à défier les chances des bouleversemens les plus graves. Malgré la leçon si dure des révolutions, on est toujours enclin en France à jouer avec les révolutions mêmes. C'est ce qui fait que nous jugeons mieux les conséquences morales d'un fait politique, lorsqu'il est arrivé, que les probabilités de la venue de ce fait. Pour donner un exemple décisif de cette disposition générale des esprits en France, il suffit de faire remarquer combien était petit le nombre des esprits qui ont prévu la catastrophe de Juillet ; et combien s'est trouvé grand tout à coup le nombre de ceux qui ont, dès le 7 août, apprécié toutes les conséquences de cet événement des *trois jours*.

On s'est donc joué de la prévision de *Juillet* ; mais *juillet* arrivé, un vaste foyer de lumière a jailli de cette catastrophe, et a éclairé tous les esprits.

Ceci est pour expliquer comment l'expérience morale acquise par la leçon de *juillet*, a dû tourner au profit de la moralité générale.

Ainsi, avant Juillet, on s'inquiétait beaucoup moins des attaques dirigées contre le clergé ; il y avait même une bonne partie de la population, qui obéissant à une pente naturelle, était plus disposée á l'hostilité et au blâme envers les ministres du culte, qu'elle n'était portée à offrir son secours au clergé contre la calomnie et la persécution. Aujourd'hui et généralement sur tous les points, ces dispositions ont changé ; et plus les hommes de la religion ont été en butte aux attaques des hommes spéciaux de Juillet, plus ils ont trouvé de faveur non-seulement dans les hommes de la droite, mais encore dans ceux du *Milieu*.

Avant *juillet*, un petit nombre aurait gémi d'un abbatis de croix ; depuis Juillet, un pareil forfait a soulevé l'indignation générale.

Avant *Juillet*, comme on ne supposait pas que le *progrès* d'aucun parti politique pût aller jusqu'à la violation de la propriété privée, on s'endormait dans cette sécurité. Depuis Juillet, cette disposition a entièrement changé. Chacun est devenu inquiet même des droits les plus certains ; on a senti que le Gouvernement vicié par un principe d'anarchie, ne pouvait plus rien protéger. On s'est mis à trembler à la moindre oscillation politique ; de là , le resserrement des capitaux, la stagnation du commerce, la suspension de toutes les entreprises. De là, par contrecoup, le désir profond, général, l'invocation secrette mais spontanée et universelle d'un principe conservateur, d'un principe protecteur ; de là, un sentiment plus vif, plus sérieux, de tous les droits, de tous les devoirs.

L'appréciation des vraies lumières, de la véritable et bonne instruction, est devenue plus générale. Le péril sans cesse imminent des désordres de toute espèce, fait sentir la nécessité des règles , la nécessité d'un certain frein , la justice de certaines bornes.

Les statistiques, qui, il y a trois ans à peine, (1) dévouaient aux ténèbres de l'ignorance les départemens qu'une main capricieuse stigmatisait sur la carte de France, et appelaient au privilége de la science ceux qu'elle voulait bien épargner, ces statistiques, disons-nous, seraient très-mal venues aujourd'hui ; elles n'auraient pas même de sens.

Il n'y a plus dans tout le pays qu'une grande division : d'un côté la masse, qui veut l'ordre avec un principe de conservation, de l'autre, une poignée de fanatiques ou de pervers qui rêvent le desordre.

Que si maintenant nous descendons dans le foyer des mœurs domestiques, sans doute il faudra reconnaître que la tempête qui a d'abord tout brisé en passant sur le sommet du pouvoir, a étendu ses ravages jusques sur les mœurs privées et dans le foyer de la famille. Mais, après le premier choc de l'orage, il s'est fait tout à coup un grand silence,

______

(1) Les Cartes de M. Charles Dupin.

on eut dit que la société se fut mis à réfléchir, entrevoyant l'abîme sous ses pas , et n'osant plus avancer. Aussi, la loi du divorce , lancée sur la société au milieu d'un premier étourdissement, a-t-elle été repoussée ; la loi sur le célibat des prêtres , introduite à la faveur du désordre social de *juillet*, n'a pu obtenir droit d'hospitalité.

A tout prendre , et malgré le mouvement de fluctuation rétrograde de *Juillet*, la société dégagée de beaucoup d'illusions , s'apprête à faire un grand pas dans les voies de la civilisation et à regagner le terrein qu'elle a perdu.

Il lui reste , il est vrai, à franchir encore les impossibilités gouvernementales et politiques , dont en ce moment elle épuise, à grand renfort de bugjet et de *paix à haut prix*, les dernières chances.

Tout annonce que la civilisation, qui ne doit être que l'expression la plus haute de la moralité nationale , franchira tous les écueils qui ont été semés sur ses pas par les révolutions. La plus grande preuve qu'elle ait donné de sa puissance , n'est-ce pas d'avoir brisé d'un seul coup le flot de l'anarchie, qui en *Juillet* s'est précipité sur elle! A cette époque, la société n'a-t-elle pas été, je ne dis pas, pendant plusieurs jours, mais pendant plusieurs mois, abandonnée à elle-même ; obligée de n'avoir recours qu'en elle, et de secourir encore le pouvoir, qui ne sachant indiquer ni son principe ni son berceau, sollicitait un peu de pitié et mendiait son pain politique, au jour le jour !

Qui oserait dire aujourd'hui, que *Juillet* triomphant apportait à la société un seul élément d'ordre et de bonheur! Qui oserait dire tout haut, sans se couvrir d'un ineffaçable ridicule, les bienfaits prétendus de cette catastrophe! La liberté : voyez les prisons! La presse : voyez les greffes des tribunaux! La liberté individuelle : voyez les arrestations préventives ! La diminution de l'impôt : voyez les bugjets! La prospérité publique! voyez la misère. La prospérité commerciale! Demandez aux négocians et aux banquiers! L'indépendance nationale! Interrogez les protocoles. La puissance de la révolution!

regardez Varsovie. La fierté du drapeau tricolore !
Regardez la citadelle d'Ancône. La Souveraineté nationale ! Voyez la chambre des députés et son arrière ban de 50 mille électeurs, condamnant au silence six millions de contribuables!

CHAPITRE XIII.

De la Liberté individuelle et de l'Égalité politique.

La civilisation et la liberté sont deux sœurs, qui
ne savent point marcher l'une sans l'autre ; elles
avancent, en se tenant par la main, dans le domaine de l'intelligence. Quand le génie les appelle
et les invoque à travers les siècles, elles lui répon-
dent à la fois. Et de même lorsque la barbarie s'avance
vers un point, la civilisation et la liberté, s'enve-
loppant dans le même manteau s'enfuient, et vont
chercher un meilleur ciel.

Si, depuis la nouvelle ère, ouverte pour nous par

la catastrophe de *Juillet*, on ne considérait, pour juger de l'état de la liberté en France, que les faits apparens et matériels ; si l'on avait égard seulement au compte mathématique de tous les outrages faits à la liberté, il faudrait désespérer à la fois de la civilisation et de la liberté mêmes.

Mais, il faut bien le redire, le régime transitoire et passager dans lequel nous a acculés un coup de tempête, n'est point et ne peut être la marche du siècle ; ce n'est qu'une exception à son allure ; c'est une halte de quelques jours, pendant laquelle on médite un nouvel essor pour se jeter plus en avant et plus loin d'un seul bond. Tout ce qui se fait depuis plus de deux ans, n'est que la conséquence de la *néeessité*, cette unique loi du sort, que la Charte de 1830 a écrit sur son front ; *nécessité*, qui dans toutes les langues indique la suspension des lois ordinaires de la morale et de la logique, ces deux reines du monde intellectuel.

Ainsi, malgré l'interdit jeté sur la liberté, nous n'en sommes pas moins dans une époque de liber-

té ; malgré les arrestations illégales et préventives ,
malgré les violations de domicile , nous n'en sommes
pas moins destinés à être libres dans le dix-neuvième siècle. Et pourquoi? Parce que la violation
de la liberté ne se fait qu'en faisant amende honorable à la liberté même. C'est une divinité dont on
reconnaît l'irrésistible empire ; et que l'on implore
pour qu'elle permette la profanation de son autel ,
afin de préserver l'incendie du temple. Tout ce qui
se fait , n'est donc qu'une énorme accusation contre
le génie funeste des révolutions ; génie sanguinaire
qui ne se nourrit que d'holocaustes ; et qui n'épar-
gne la liberté qu'en dévorant le vêtement de la liberté même !

Comment la liberté périrait-elle , puisque nous
la respirons en quelque sorte dans l'atmosphère du
dix-neuvième siècle; puisqu'elle est dans nos mœurs,
dans le développement de notre histoire , et surtout
dans l'expérience de nos révolutions.

Au point où sont parvenues les idées de liberté
politique , et où sont arrivés les progrès de la civilisation , les mesures contre la liberté , sont moins

encore un outrage à liberté qu'une protestation contre l'anarchie ; et le pouvoir qui est l'auteur et l'ordonnateur de ces mesures, ne fait que confesser en agissant ainsi, qu'il voudrait pouvoir se purger du limon anarchique au sein duquel il a pris naissance. C'est ici une lutte acharnée entre la santé et la maladie. D'une part, le virus désorganisateur veut s'incorporer au pouvoir ; d'autre part, le pouvoir voudrait assainir son tempérament, sans pour cela renoncer à son origine ; par la raison, qu'en renonçant à son origine, il craint de s'abjurer lui-même.

Si donc, depuis les *trois Journées*, accomplies sous le prétexte de la liberté, le pouvoir n'a pu encore nous donner la liberté, c'est bien plus, parce qu'il ne le peut, que parce qu'il ne le veut ; condamné à marcher sur le bord des abîmes, il ressemble à un homme qui conduirait un char dans une route étroite, suspendue entre un roc et un précipice. La tête tourne au pouvoir parce qu'il est en delà de sa base.

Si nous avons la servitude dans le fait, nous avons

la liberté dans le droit. Ce droit est écrit partout; il est partout ; il faut bon gré malgré qu'il se fasse jour. C'est un faisceau de rayons lumineux qui s'échappent de toutes parts.

Aujourd'hui, le droit, à la honte du fait, jaillit de tous côtés, surtout par l'impossibilité logique du fait. Le fait, à mesure qu'il devient antilogique , appelle le droit.

La liberté individuelle marche, en ce moment, dans le sens réactionnaire de la civilisation et du *progrès*. *Juillet* n'ayant été qu'une mystification de la liberté, tout ce qui se fait contre *Juillet*, se fait en faveur de la liberté.

Il fallait d'abord prouver, que jamais l'attaque contre le droit et la perturbation de l'ordre ne sont productifs pour la liberté. Cette preuve a été largement faite.

Il fallait prouver ensuite, que l'ordre sans le droit n'était que l'ordre sans base et sans stabilité. Cette seconde preuve a été abondante et sans réplique.

Cette preuve achève en ce moment son développement.

Le pouvoir actuel ne peut rien faire contre la liberté, qui ne tourne contre lui et ne profite à la
liberté. Car il provient d'un fait qui est une attaque
à la liberté; et cependant, en violant la liberté, il
est forcé de dire: je viole la liberté, au nom de la
liberté. C'est comme s'il disait: je veux exister,
mais je n'ai pas le moyen rationel et suffisant pour
exister; en d'autres termes: je suis un être impossible.

L'égalité politique est le premier corollaire de la
liberté individuelle. L'égalité politique est la meilleure garantie de la liberté. Car l'égalité politique
est un appel perpétuel à la loi contre l'injustice des
hommes et les violences du pouvoir.

Il est donc vrai de dire, que la marche de la civilisation doit viser, comme à son but le plus im-
portant, à l'égalité politique. L'égalité politique est
une *mesure commune*, consentie par tous, pour esti-
mer les actes de la vie sociale, et pour remettre

chacun à sa place , suivant la justice ou l'injustice
de ses actes.

A mesure que la civilisation avance et projette
la lumière avec une plus grande diffusion , cette
commune mesure de l'égalité politique devient d'autant
plus nécessaire pour maintenir l'équilibre social.
Car les moyens d'oppression et de persécution morales des individualités les unes envers les autres ,
se multiplient ordinairement en raison directe du
progrès de la civilisation et du raffinement des esprits ;
il est alors essentiel que l'égalité politique , cette
commune mesure , principe proclamé et reconnu par
tous, en pesant également sur toutes les intelligences maintienne chacune dans la limite du juste
et de l'honnête.

Mais l'égalité politique , loin d'être la même chose
que l'égalité sociale , est au contraire son point opposé et comme son contrepoids. Aux époques de
diffusion des lumières communes , l'égalité politique
est le meilleur remède contre les abus qui résultent
des inégalités sociales. Le despotisme individuel de-

l'inégalité sociale se manifeste souvent, comme dans ce tems, par les prétentions excessives à l'égalité même. Il y a alors un désordre de vanité, qui fait que ce qui est un peu au-dessus du commun niveau tend à pousser jusqu'au dédain le mépris de toute égalité ; et que ce qui est commun et trivial, affecte le haut et le grand au préjudice de la hauteur et de la grandeur mêmes. Car, il ne faut pas s'y tromper, l'époque le plus profondément aristocratique est bien celle qui parle le plus d'égalité sociale. C'est une consolation pour les vanités du vulgaire, de pouvoir ramener, au moins en apparence, sous le niveau d'une égalité fictive, les prééminences qu'on voit avec un œil jaloux.

Et c'est cet abus de la liberté et de la civilisation qui produit, au dix-neuvième siècle, ces théories d'un républicanisme inapplicable, cette ardeur d'échapper à toutes les règles et de se mettre audessus de toutes les lois, sous le prétexte banal de rechercher des lois nouvelles ; cette prétention de refaire l'humanité, afin d'être les suprêmes ordonnateurs de l'humanité nouvelle. On le voit ; les abus de l'égalité et de la liberté , de même que les abus de l'inégalité , aboutissent également à une même chose au despotisme : despotisme du pouvoir sur les masses, despotisme des individus les uns envers les autres. L'égalité politique est le meilleur remède à ces perturbations.

CHAPITRE XIV.

De la Littérature et des Arts.

La situation actuelle de la littérature et des arts, considérés dans leurs rapports avec la marche de la civilisation et de la progression du siècle , exigerait un examen spécial, et commanderait des considérations, auxquelles il ne nous est pas permis de nous livrer en ce moment. Nous ne devons toucher à un sujet si grand et si délicat, qu'en ce qui se rapporte plus particulièrement au point de vue politique, dont nous nous sommes proposé l'examen dans cet écrit.

Comme depuis le commencement de ce siècle, tout se fait et se meut dans les oscillations de la liberté, il est impossible de concevoir l'art en dehors de ce mouvement.

De force ou de gré tout rentre dans la politique ; tout s'empreint, tout se colore de sa vitalité ; et la neutralité, lorsqu'elle ne provient pas d'un défaut de lumières, annonce, presque toujours, ou une hypocrisie ou un mensonge. Les voies de conciliation, qui s'ouvrent et s'élargissent en ce moment entre les partis, loin d'être une défection politique, signalent au contraire la plus haute expression de la politique de ce tems. Tout marche vers un même but, mais, il vaut mieux pour les vanités blessées, y arriver sous les formes protectrices de la réconciliation, que sous l'auspice toujours amer du repentir et de la défaite.

Ainsi, il est vrai de dire, que tous les hommes

qui se vouent plus spécialement à l'étude et à la contemplation de l'art, ont été plus ou moins atteints et bouleversés par la catastrophe de *Juillet.* Les pinceaux se reposent ; la lyre est muette. On voit que l'art a compris qu'il n'avait rien à faire, rien à dire, rien à exprimer dans une époque transitoire de mensonge et de déception. Il regarde passer la tempête et il attend le soleil.

Ce silence des arts est la plus haute protestation en faveur de la civilisation. Depuis deux années , la civilisation a fait halte ; et les arts ont fait halte avec elle. Avec elle ils préparent et coordonnent en silence les matériaux de l'avenir.

La foi dans l'avenir est vive et profonde ; la foi dans le présent est nulle. Le présent ne se compose que d'un tissu d'intrigues , de faiblesses et de mensonges ; tout cela repousse toute croyance , toute foi. Car la foi , dans les arts , n'est que la conviction de la puissance de l'art. Afin que l'artiste ait foi en lui-même , il lui faut un spectateur qui se passionne à ses œuvres : c'est Paganini dont l'archet se module sur l'émotion du parterre ; c'est Taglioni, à demi suspendue dans l'air, et qui semble attendre pour achever la cadence de son pas, le signal électrique de la foule qu'elle enchante.

La médiocrité a profité de cette halte de l'art, de ce silence du talent ; elle a envahi, folle et passionnée, toutes les avenues ; il y a eu comme une invasion de L'illiputiens barbares. Ils ont cru un jour que le domaine des arts allait leur appartenir, comme les hommes de *Juillet* avaient cru un moment qu'ils étaient les maîtres de la politique. Si les bras n'ont pas failli ; l'intelligence a manqué.

Mais la profanation de l'art, de même que la profanation de la politique, ont eu un même résultat ; c'est d'avoir jeté au grand jour, et en plein soleil, l'épreuve définitive du bien et du mal, du bon et du mauvais. Le règne de la faiblesse, dont la société cherche à se débarrasser sans secousse, appelle, de toutes parts, le règne de ce qui est fort et puissant. L'erreur, convaincue d'être l'erreur, appelle et proclame la vérité ; comme la nuit proclame et appelle le jour,

Nous avons fait remarquer, dans un autre chapitre, que la réaction sociale et politique avait commencé immédiatement après les jours sanglans de la Convention. La réaction littéraire commença en même tems. La marche de la réaction littéraire fut même beaucoup plus spontanée et plus vive ; parce que le sentiment des malheurs publics est toujours plus instantané dans le domaine des arts , expression du sentiment et de l'imagination populaires. La sensibilité se meut toujours avant le raisonnement. M. de Châteaubriant, Madame de Staël firent faire un premier pas de géant à la réaction littéraire. Ce vaste mouvement se continua sans interruption, en laissant toujours plus loin derrière lui la rénommée de plus en plus pâlissante du dix-huitième siècle. Le romantisme avec ses aberrations ne fut qu'un faux pas de la réaction littéraire. Le romantisme fut dans sa pensée profonde une invocation brûlante du passé, dédaigné par le dix-huitième siècle, une abjuration solennelle de la littérature encyclopédiste. Le romantisme s'est trompé, parce que, en reculant dans le moyen âge pour y chercher le grandiose religieux, il a méconnu en passant l'immense splendeur littéraire du grand siècle. Mais la réaction littéraire n'en est pas moins constante. Et le désordre qui s'est jeté dans le mouvement même de cette réaction depuis les événemens de Juillet, n'est due qu'à l'influence fatale de ces événemens. Le Voltérianisme a même reçu par la dernière révolution un nouveau et suprême échec ; puisque la victoire de *Juillet* n'a pas été assez puissante pour ranimer un moment cette littérature du dix-huitième siècle, qui avait jeté tant d'éclat et qui a usé en pure perte tant de talens, tant de grands hommes et tant de génie.

Toute l'expression de la réaction littéraire opérée par le silence des hommes de talent, ou par les aberrations de ceux d'entr'eux qui n'ont pas compris la dignité et la majesté de ce silence, se trouve offerte en ce moment en spectacle à la France et à l'Europe; pour la peinture, au salon de 1833 ; pour la littérature, à tous les théâtres de Paris. Il n'est pas un spectateur qui en sortant de là ne se demande douloureusement : où donc est la littérature ! Où sont allés les arts ! En toutes choses, il faut que l'humanité touche du doigt le néant, pour avoir la conviction du néant même.

TABLE DES CHAPITRES.